Impressum
Verlag: BABADADA GmbH, Nedderfeld 112 , 22529 Hamburg
Geschäftsführer / Verlagsleitung: Harald Hof
Druck: Books on Demand GmbH, In de Tarpen 42, 22848 Norderstedt

Imprint
Publisher: BABADADA GmbH, Nedderfeld 112 , 22529 Hamburg, Germany
Managing Director / Publishing direction: Harald Hof
Print: Books on Demand GmbH, In de Tarpen 42, 22848 Norderstedt

AF219174

school

школа

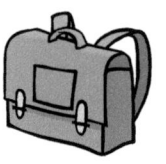

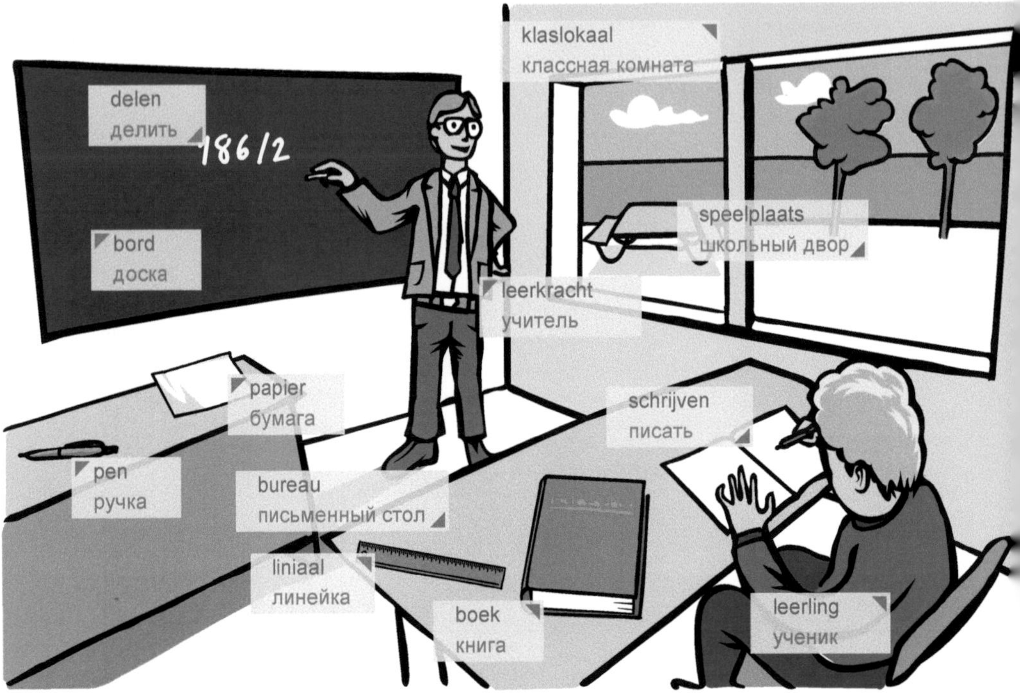
klaslokaal
классная комната
delen
делить
186/2
bord
доска
speelplaats
школьный двор
leerkracht
учитель
papier
бумага
schrijven
писать
pen
ручка
bureau
письменный стол
liniaal
линейка
boek
книга
leerling
ученик

schooltas

ранец

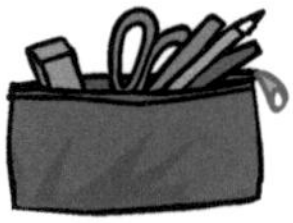

pennenzak

пенал

potlood

карандаш

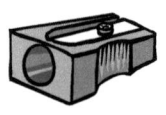

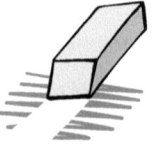

puntenslijper

точилка

gom

ластик

tekenblok

альбом для рисования

tekening

рисунок

verfborstel

кисточка

verfdoos

коробка красок

schaar

ножницы

lijm

клей

werkboek

тетрадь

huiswerk

домашняя работа

12

nummer

цифра

optellen

прибавлять

5-2

aftrekken

вычитать

2×2

vermenigvuldigen

умножать

rekenen

считать

A

letter

буква

ABCDEFG
HIJKLMN
OPQRSTU
VWXYZ

alfabet

алфавит

hello

woord

слово

tekst

текст

Lezen

читать

krijt

мел

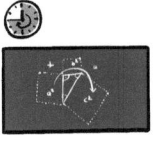

les

урок

klassenboek

классный журнал

examen

экзамен

certificaat

диплом

schooluniform

школьная форма

onderwijs

образование

encyclopedie

энциклопедия

universiteit

университет

microscoop

микроскоп

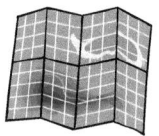

kaart

карта

papiermand

корзина для бумаг

school - школа

путешествие

hotel
гостиница
Grand
jeugdherberg
турбаза
ROOMS
CHANGE
wisselkantoor
пункт обмена валюты
koffer
чемодан
auto
автомобиль

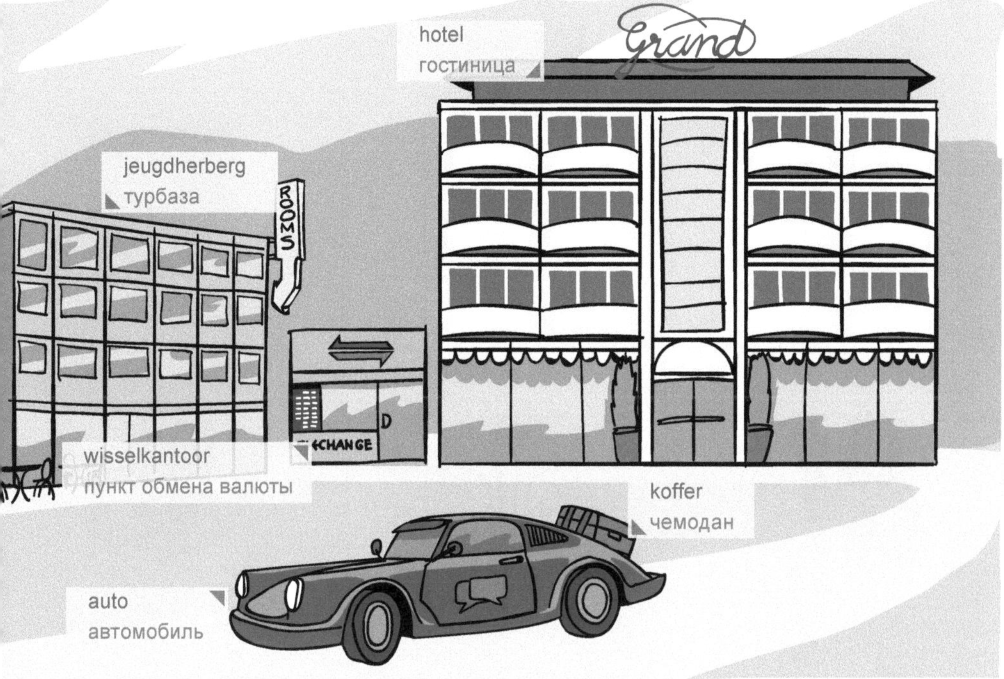

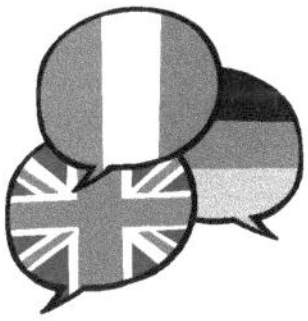

Taal

язык

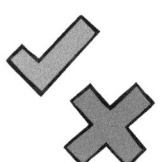

ja / nee

да / нет

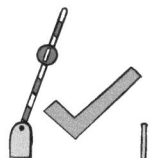

oké

хорошо

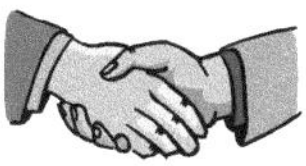

hallo

Привет

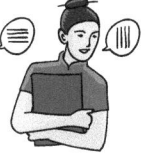

vertaler

переводчик

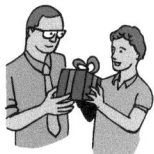

bedankt

Спасибо

Hoeveel kost ...?

Сколько стоит...?

Ik begrijp het niet

Я не понимаю

probleem

проблема

Goedenavond!

Добрый вечер!

Goedemorgen!

Доброе утро!

Goedenavond!

Доброй ночи!

Tot ziens

До свидания

richting

направление

bagage

багаж

zak

сумка

rugzak

рюкзак

gast

гость

kamer

комната

slaapzak

спальный мешок

tent

палатка

toeristeninformatie

туристическая информация

strand

пляж

kredietkaart

кредитная карточка

ontbijt

завтрак

lunch

обед

avondeten

ужин

ticket

билет

lift

лифт

postzegel

почтовая марка

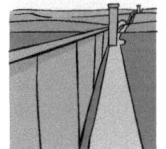

grens

граница

douane

таможня

ambassade

посольство

visum

виза

paspoort

паспорт

transport
транспорт

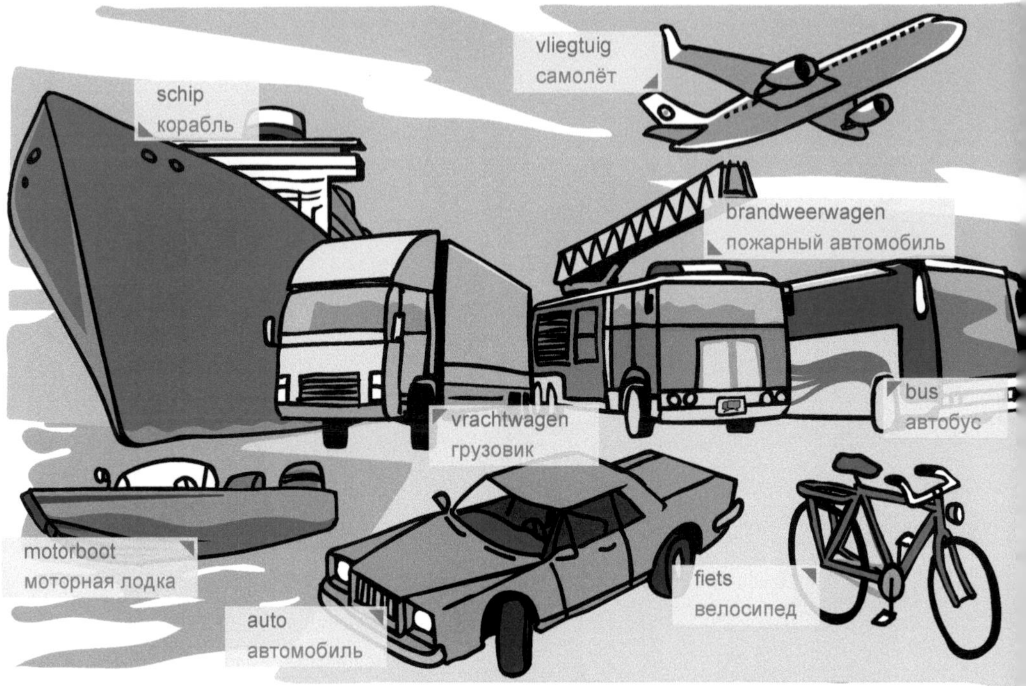

vliegtuig
самолёт

schip
корабль

brandweerwagen
пожарный автомобиль

bus
автобус

vrachtwagen
грузовик

motorboot
моторная лодка

fiets
велосипед

auto
автомобиль

veerboot

паром

boot

лодка

motor

мотоцикл

politiewagen

полицейский автомобиль

racewagen

гоночный автомобиль

huurauto

арендованный
автомобиль

carpoolen

совместное пользование
автомобилями

sleepwagen

буксировочный
автомобиль

vuilniswagen

мусоровоз

motor

двигатель

benzine

топливо

benzinestation

заправка

verkeersbord

дорожный знак

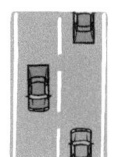

verkeer

движение

file

пробка

parkeerplaats

автостоянка

station

вокзал

sporen

рельсы

trein

поезд

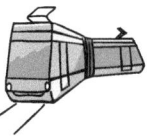

tram

трамвай

wagon

вагон

helikopter

вертолёт

luchthaven

аэропорт

toren

вышка

passagier

пассажир

container

контейнер

karton

коробка

kar

тележка

mand

корзина

opstijgen / landen

взлетать / приземляться

stad

город

dorp

деревня

stadscentrum

центр города

huis

дом

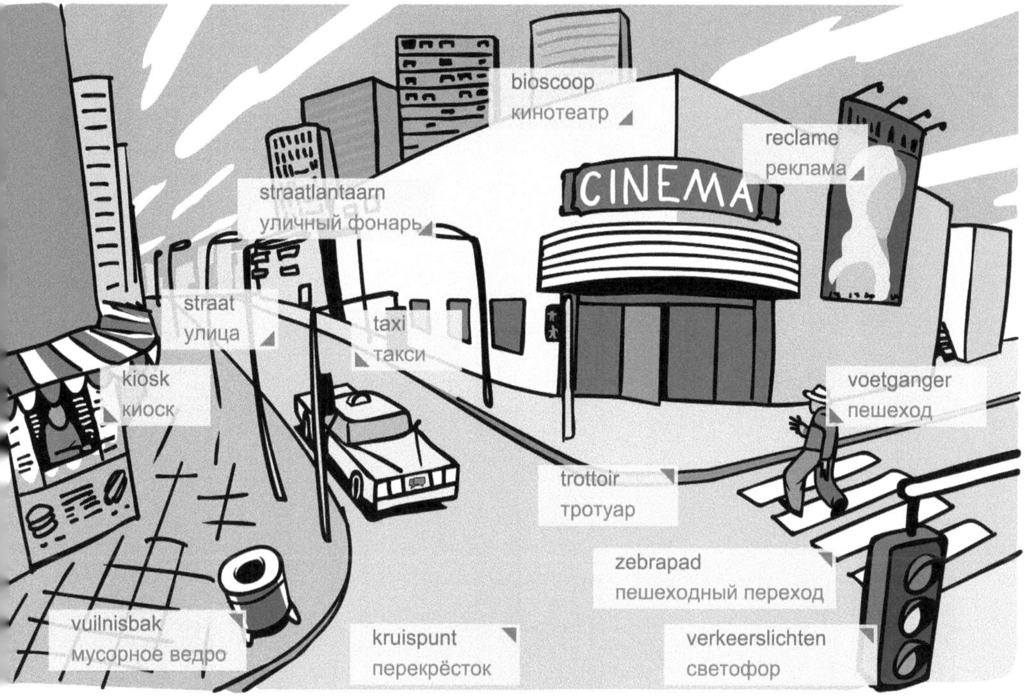

bioscoop
кинотеатр

reclame
реклама

straatlantaarn
уличный фонарь

CINEMA

straat
улица

taxi
такси

kiosk
киоск

voetganger
пешеход

trottoir
тротуар

zebrapad
пешеходный переход

vuilnisbak
мусорное ведро

kruispunt
перекрёсток

verkeerslichten
светофор

hut

хижина

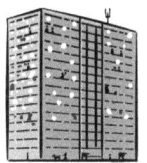

woning

квартира

station

вокзал

stadshuis

ратуша

museum

музей

school

школа

universiteit

университет

bank

банк

ziekenhuis

больница

hotel

гостиница

apotheek

аптека

kantoor

офис

boekwinkel

книжный магазин

winkel

магазин

bloemenwinkel

цветочный магазин

supermarkt

супермаркет

markt

рынок

warenhuis

универмаг

vishandelaar

торговец рыбой

winkelcentrum

торговый центр

haven

порт

park

парк

bank

скамейка

brug

мост

trap

лестница

metro

метро

tunnel

тоннель

bushalte

автобусная остановка

bar

бар

restaurant

ресторан

brievenbus

почтовый ящик

straatnaambord

табличка с названием
улицы

parkeermeter

паркометр

zoo

зоопарк

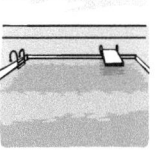

zwembad

бассейн

moskee

мечеть

boerderij

ферма

milieuverontreiniging

загрязнение окружающей среды

kerkhof

кладбище

kerk

церковь

speelplaats

детская площадка

tempel

храм

landschap
ландшафт

blad
лист

wegwijzer
дорожный указатель

weg
дорога

weide
луг

steen
камень

boom
дерево

wandelaar
путешественник

rivier
река

gras
трава

bloem
цветок

vallei

долина

heuvel

гора

meer

озеро

bos

лес

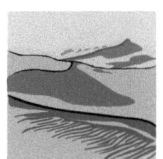

woestijn

пустыня

vulkaan

вулкан

kasteel

замок

regenboog

радуга

paddenstoel

гриб

palmboom

пальма

mug

комар

vlieg

муха

mier

муравей

bijl

пчела

spin

паук

kever

жук

kikker

лягушка

eekhoorn

белка

egel

еж

haas

заяц

uil

сова

vogel

птица

zwaan

лебедь

wild zwijn

кабан

hert

олень

eland

лось

dam

плотина

windturbine

ветряной генератор

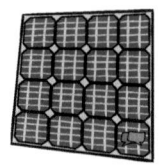

zonnepaneel

солнечная батарея

klimaat

климат

restaurant
ресторан

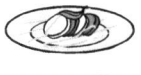

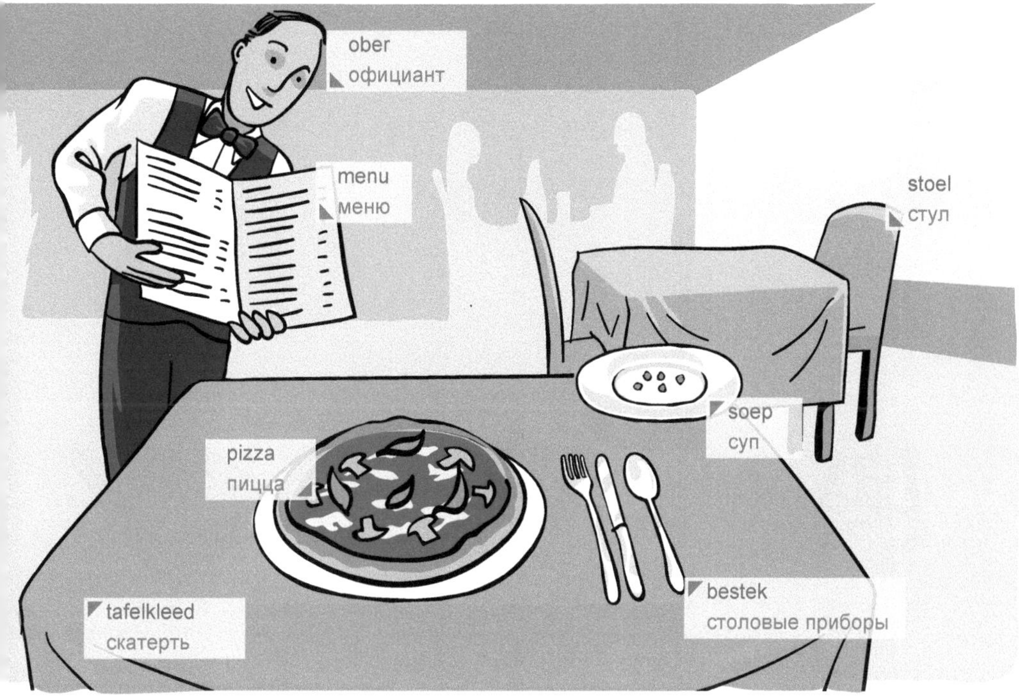

ober
официант
menu
меню
stoel
стул
soep
суп
pizza
пицца
bestek
столовые приборы
tafelkleed
скатерть

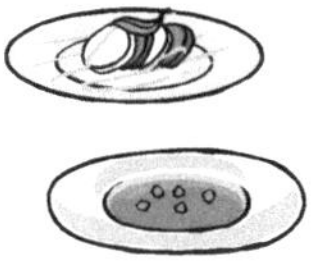

voorgerecht

закуска

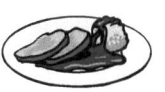

hoofdgerecht

главное блюдо

nagerecht

десерт

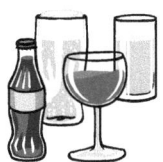

drankjes

напитки

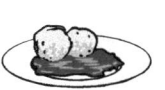

eten

еда

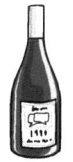

fles

бутылка

fastfood

фастфуд

street food

уличная еда

theepot

чайник

suikerpot

сахарница

portie

порция

espressomachine

кофеварка

kinderstoel

детский стульчик

rekening

счет

dienblad

поднос

mes

нож

vork

вилка

lepel

ложка

theelepel

чайная ложка

serviette

салфетка

glas

стакан

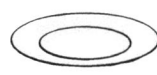

bord

тарелка

soepbord

суповая тарелка

schoteltje

блюдце

saus

соус

zoutvatje

солонка

pepermolen

мельница для перца

azijn

уксус

olie

масло

kruiden

специи

ketchup

кетчуп

mosterd

горчица

mayonaise

майонез

supermarkt

супермаркет

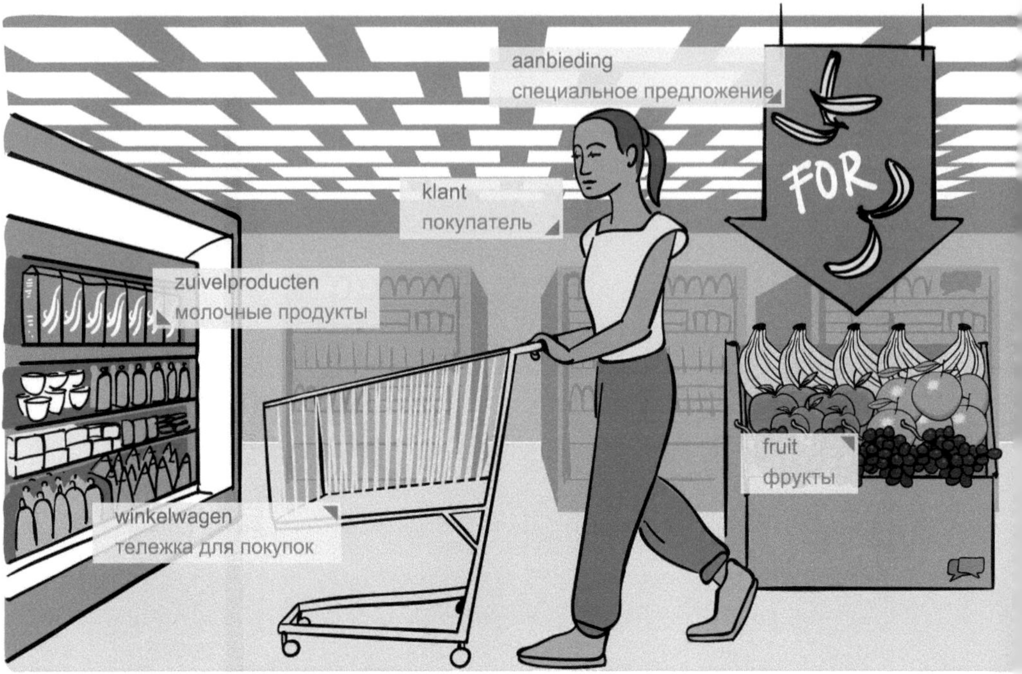

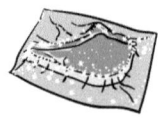

aanbieding
специальное предложение
FOR
klant
покупатель
zuivelproducten
молочные продукты
fruit
фрукты
winkelwagen
тележка для покупок

BUTCHERS

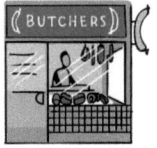

slagerij

мясной магазин

BAKERY

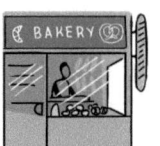

bakkerij

пекарня

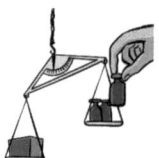

wegen

взвешивать

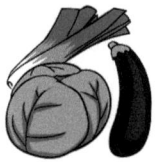

groenten

овощи

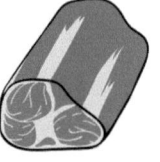

vlees

мясо

diepvriesvoedsel

быстрозамороженные продукты

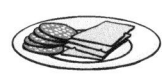

charcuterie

нарезка

conserven

консервы

waspoeder

стиральный порошок

snoep

сладости

huishoudproducten

предмет домашнего обихода

schoonmaakproducten

моющее средство

verkoopster

продавщица

kassa

касса

kassier

кассир

boodschappenlijstje

список покупок

openingstijden

время работы

portefeuille

бумажник

kredietkaart

кредитная карточка

tas

сумка

plastieken zakje

полиэтиленовый пакет

drankjes
напитки

water

вода

sap

сок

melk

молоко

cola

кока-кола

wijn

вино

bier

пиво

alcohol

алкоголь

cacao

какао

thee

чай

koffie

кофе

espresso

эспрессо

cappuccino

капучино

banaan

банан

appel

яблоко

sinaasappel

апельсин

meloen

арбуз

citroen

лимон

wortel

морковь

knoflook

чеснок

bamboe

бамбук

ajuin

лук

champignon

гриб

noten

орехи

noodles

лапша

spaghetti

спагетти

rijst

рис

salade

салат

frieten

картофель фри

gebakken aardappelen

жареный картофель

pizza

пицца

hamburger

гамбургер

sandwich

сэндвич

kalfslapje

шницель

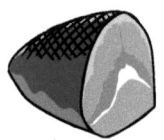

ham

ветчина

salami

салями

worst

колбаса

kip

курица

braden

жаркое

vis

рыба

havervlokken

овсяные хлопья

muesli

мюсли

cornflakes

кукурузные хлопья

bloem

мука

croissant

круассан

pistolet

булочка

brood

хлеб

toast

тост

koekjes

печенье

boter

масло

kwark

творог

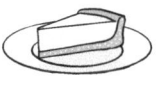

taart

пирог

ei

яйцо

spiegelei

яичница

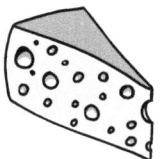

kaas

сыр

ijs

мороженое

suiker

сахар

honing

мёд

confituur

мармелад

choco

крем с нугой

curry

карри

boerderij
ферма

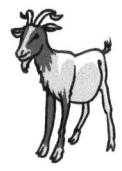

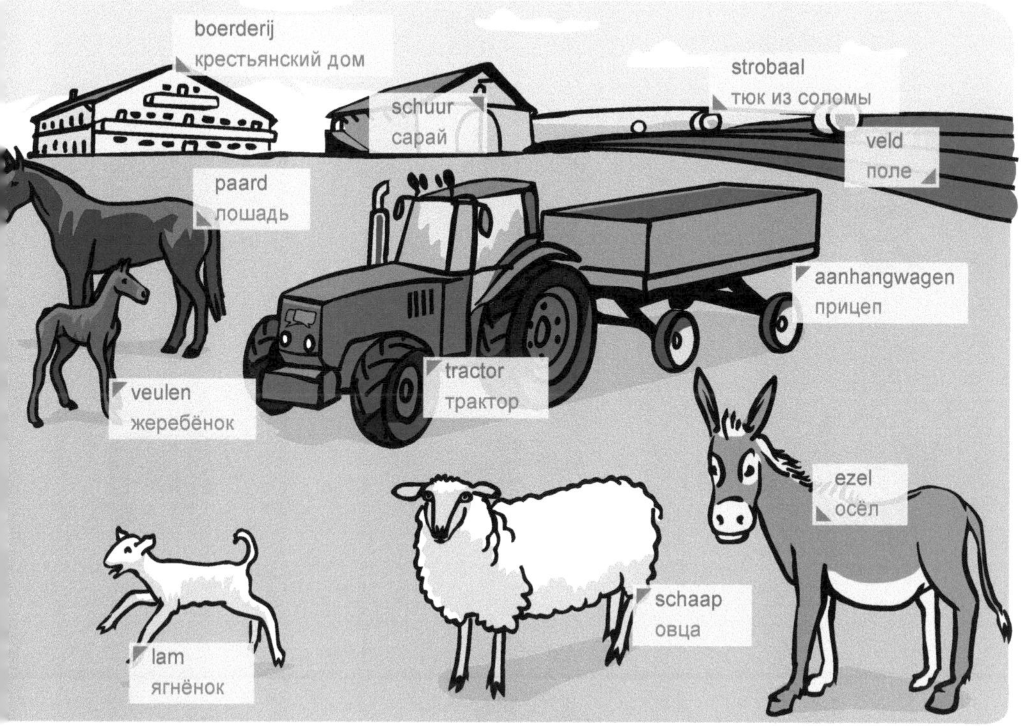
boerderij
крестьянский дом
schuur
сарай
strobaal
тюк из соломы
veld
поле
paard
лошадь
aanhangwagen
прицеп
tractor
трактор
veulen
жеребёнок
ezel
осёл
schaap
овца
lam
ягнёнок

geit

коза

koe

корова

kalf

телёнок

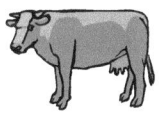

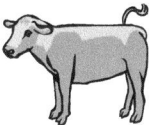

varken

свинья

biggetje

поросёнок

stier

бык

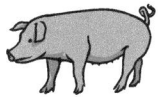

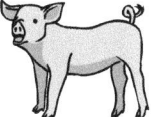

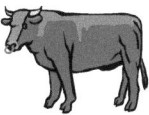

gans

гусь

eend

утка

kuiken

цыплёнок

kip

курица

haan

петух

rat

крыса

kat

кошка

muis

мышь

os

вол

hond

собака

hondenhok

конура

tuinslang

садовый шланг

gieter

лейка

zeis

коса

ploeg

плуг

sikkel

серп

schoffel

мотыга

hooivork

навозные вилы

bijl

топор

kruiwagen

тачка

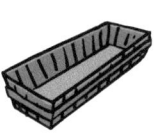

trog

корыто

melkkan

бидон для молока

zak

мешок

hek

забор

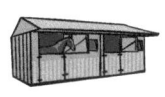

stal

хлев

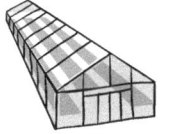

broeikas

теплица

bodem

почва

zaad

посев

mest

удобрение

maaidorser

комбайн

oogsten

собирать урожай

oogst

урожай

yam

ямс

tarwe

пшеница

soja

соя

aardappel

картофель

maïs

кукуруза

koolzaad

рапс

fruitboom

фруктовое дерево

maniok

маниок

graan

злаки

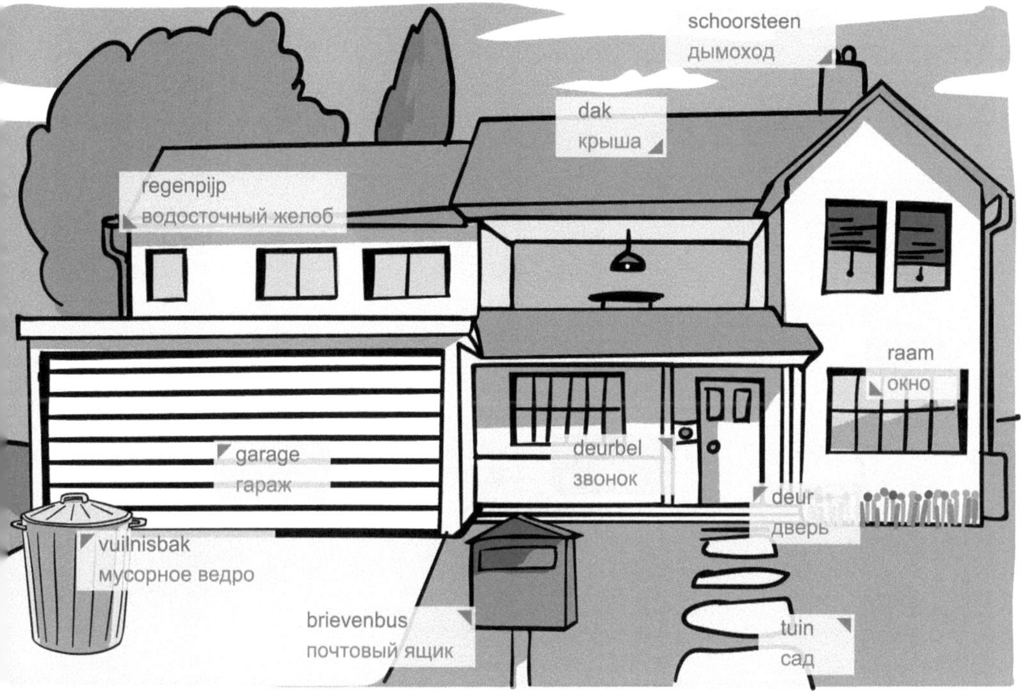

schoorsteen
дымоход

dak
крыша

regenpijp
водосточный желоб

raam
окно

garage
гараж

deurbel
звонок

deur
дверь

vuilnisbak
мусорное ведро

brievenbus
почтовый ящик

tuin
сад

woonkamer

гостиная

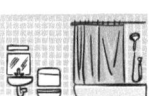

badkamer

ванная комната

keuken

кухня

slaapkamer

спальня

kinderkamer

детская комната

eetkamer

столовая

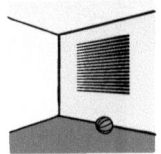

vloer

пол

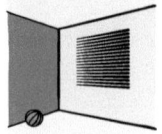

muur

стена

plafond

потолок

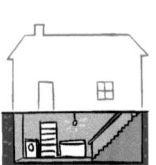

kelder

подвал

sauna

сауна

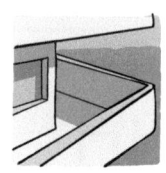

balkon

балкон

terras

терраса

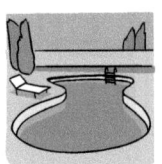

zwembad

бассейн

grasmaaier

газонокосилка

dekbedovertrek

пододеяльник

dekbed

покрывало

bed

кровать

bezem

метла

emmer

ведро

schakelaar

выключатель

woonkamer

гостиная

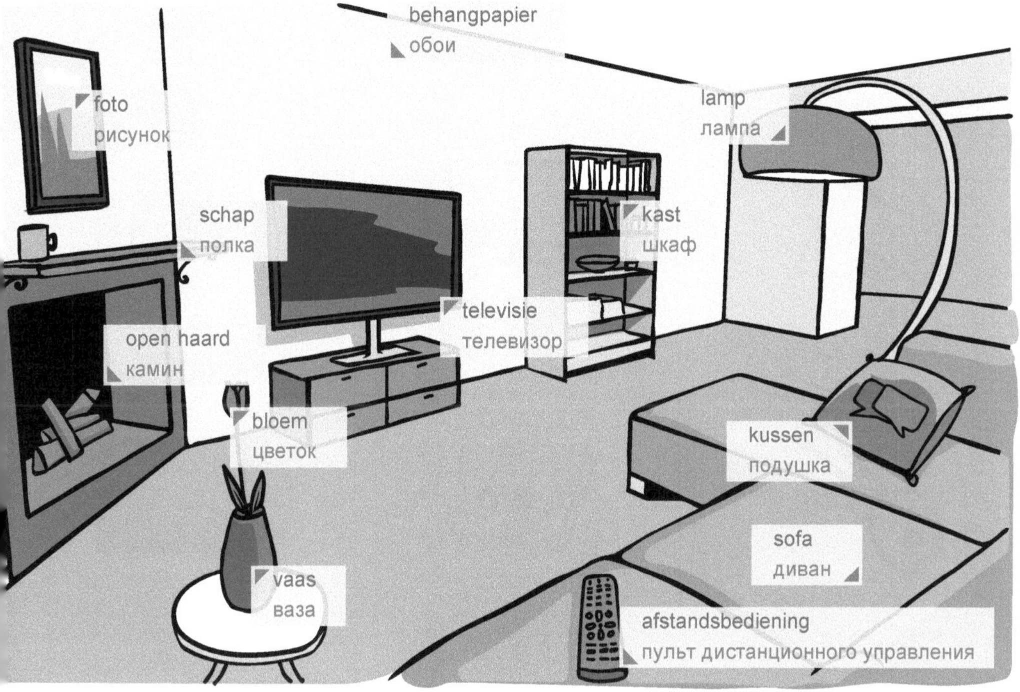
behangpapier
обои
foto
рисунок
lamp
лампа
schap
полка
kast
шкаф
televisie
телевизор
open haard
камин
bloem
цветок
kussen
подушка
sofa
диван
vaas
ваза
afstandsbediening
пульт дистанционного управления

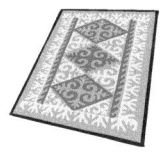

mat

ковёр

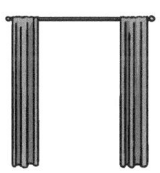

gordijn

штора

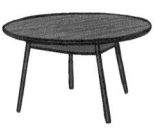

tafel

стол

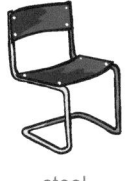

stoel

стул

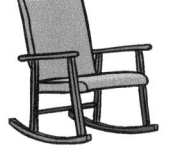

schommelstoel

кресло-качалка

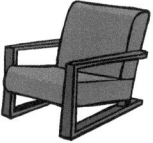

fauteuil

кресло

boek

книга

deken

покрывало

decoratie

украшение

brandhout

дрова

film

фильм

stereo-installatie

стереосистема

sleutel

ключ

krant

газета

schilderij

картина

poster

плакат

radio

радио

notitieboekje

блокнот

stofzuiger

пылесос

cactus

кактус

kaars

свеча

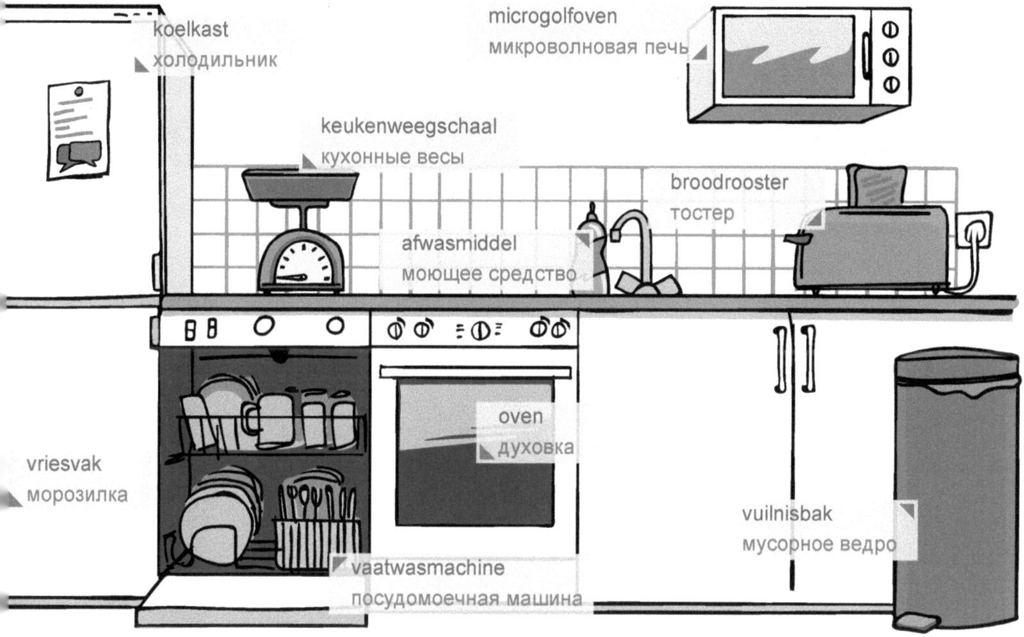

koelkast
холодильник

microgolfoven
микроволновая печь

keukenweegschaal
кухонные весы

broodrooster
тостер

afwasmiddel
моющее средство

oven
духовка

vriesvak
морозилка

vuilnisbak
мусорное ведро

vaatwasmachine
посудомоечная машина

fornuis

плита

pot

кастрюля

gietijzeren pot

чугунный котелок

wok / kadai

вок / кадай

pan

сковорода

waterkoker

чайник

stoomkoker

пароварка

bakplaat

противень

servies

посуда

mok

кружка

kom

миска

eetstokjes

палочки для еды

pollepel

половник

spatel

лопатка

garde

сбивалка

vergiet

сито

zeef

сито

rasp

тёрка

mortier

ступка

barbecue

гриль

haardvuur

костёр

keuken - кухня

snijplank

доска

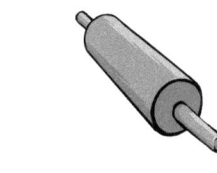

deegrol

скалка

kurkentrekker

штопор

blik

жестяная банка

blikopener

консервный нож

pannenlap

прихватка

gootsteen

раковина

borstel

щетка

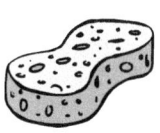

spons

губка

blender

миксер

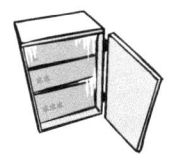

vriezer

морозильная камера

papfles

бутылочка для кормления

kraan

кран

badkamer
ванная комната

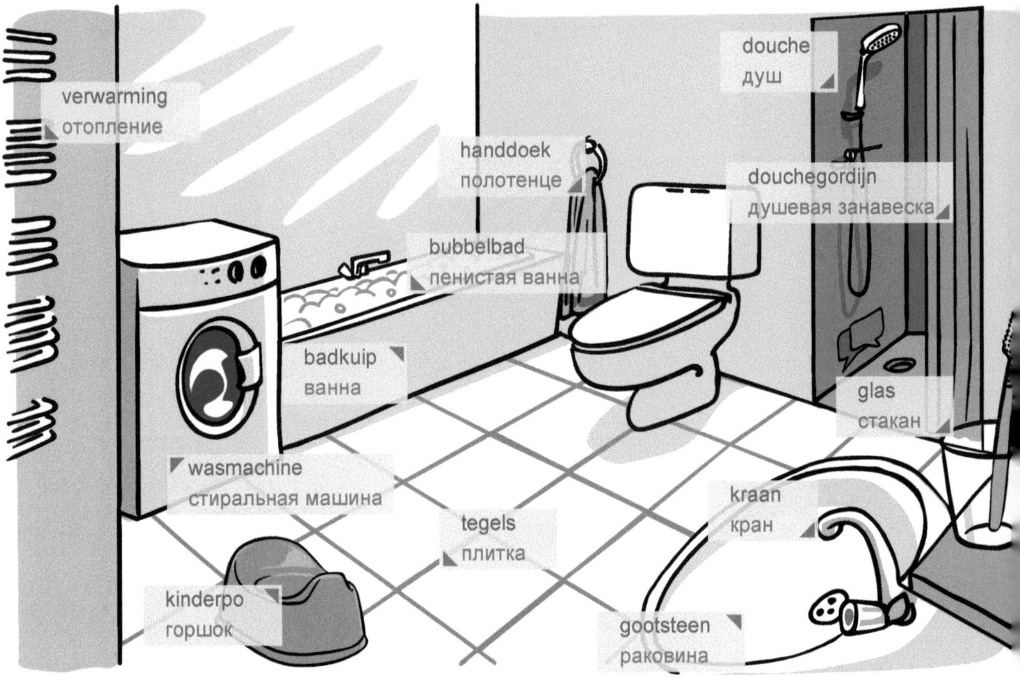

verwarming
отопление

douche
душ

handdoek
полотенце

douchegordijn
душевая занавеска

bubbelbad
пенистая ванна

badkuip
ванна

glas
стакан

wasmachine
стиральная машина

kraan
кран

tegels
плитка

kinderpo
горшок

gootsteen
раковина

toilet
туалет

hurktoilet
напольный унитаз

bidet
биде

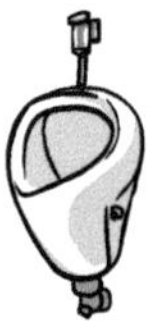

urinoir
писсуар

toiletpapier
туалетная бумага

toiletborstel
ершик

tandenborstel

зубная щетка

tandpasta

зубная паста

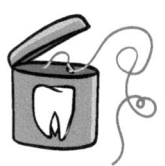

flosdraad

зубная нить

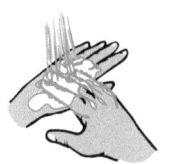

wassen

мыть

handdouche

ручной душ

bidethanddouche

интимный душ

waskom

таз

rugborstel

щетка для спины

zeep

мыло

douchegel

гель для душа

shampoo

шампунь

washandje

мочалка

afvoer

сток

crème

крем

deodorant

дезодорант

spiegel

зеркало

handspiegel

ручное зеркало

scheermes

бритва

scheerschuim

пена для бритья

aftershave

лосьон после бритья

kam

расческа

borstel

щетка

haardroger

фен

haarlak

лак для волос

make-up

косметика

lippenstift

губная помада

nagellak

лак для ногтей

watten

вата

nagelknipper

маникюрные ножницы

parfum

духи

toilettas

косметичка

kruk

табуретка

weegschaal

весы

badjas

халат

latex handschoenen

резиновые перчатки

tampon

тампон

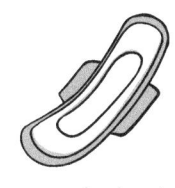

maandverband

гигиеническая прокладка

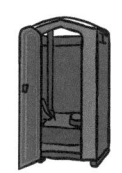

chemisch toilet

биотуалет

kinderkamer
детская комната

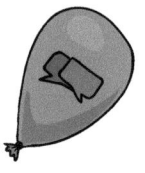

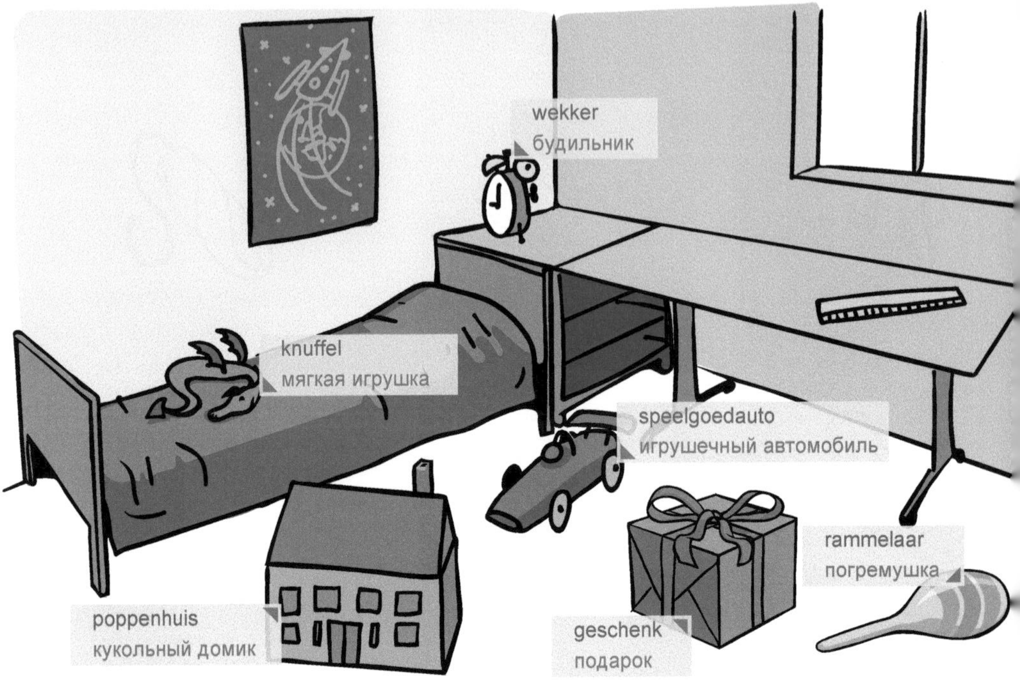

wekker
будильник
knuffel
мягкая игрушка
speelgoedauto
игрушечный автомобиль
rammelaar
погремушка
poppenhuis
кукольный домик
geschenk
подарок

ballon
воздушный шар

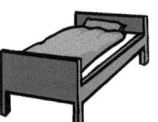

bed
кровать

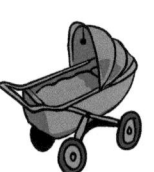

kinderwagen
детская коляска

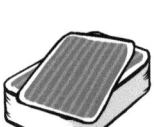

spel kaarten
карточная игра

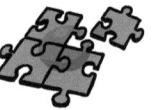

puzzel
пазл

stripboek
комикс

legoblokjes

кирпичики Лего

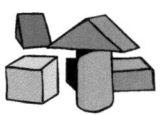

blokken

кубики

actiefiguur

игрушечная фигурка

kruippakje

ползунки

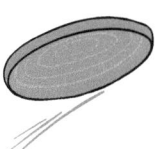

frisbee

фрисби

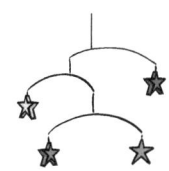

mobiel

мобиле

bordspel

настольная игра

dobbelsteen

кубик

modelspoorweg

модель железной дороги

fopspeen

соска

feest

вечеринка

prentenboek

книга с картинками

bal

мяч

pop

кукла

spelen

играть

zandbak

песочница

schommel

качели

speelgoed

игрушка

spelconsole

игровая приставка

driewieler

трёхколесный велосипед

knuffelbeer

плюшевый медвежонок

kleerkast

шкаф для одежды

kleding

одежда

sokken

носки

kousen

чулки

maillot

колготки

sjaal
шарф

paraplu
зонтик

T-shirt
футболка

riem
ремень

laarzen
сапоги

slippers
тапки

sneakers
кроссовки

sandalen
сандалии

schoenen
ботинки

rubberlaarzen
резиновые сапоги

onderbroek
трусы

beha
бюстгальтер

onderhemd
майка

lichaam

боди

broek

брюки

jeans

джинсы

rok

юбка

blouse

блузка

hemd

рубашка

trui

свитер

capuchontrui

свитер

blazer

спортивная куртка

jas

жакет

jas

пальто

regenjas

плащ

kostuum

костюм

jurk

платье

trouwjurk

свадебное платье

pak

мужской костюм

nachthemd

ночная сорочка

pyjama

пижама

sari

сари

hoofddoek

платок

tulband

тюрбан

boerka

паранджа

kaftan

кафтан

abaya

абайя

badpak

купальник

zwembroek

плавки

short

шорты

trainingspak

спортивный костюм

schort

фартук

handschoenen

перчатки

knoop

пуговица

bril

очки

armband

браслет

ketting

цепочка

ring

кольцо

oorbel

серьга

pet

шапка

kapstok

вешалка

hoed

шляпа

das

галстук

rits

застежка молния

helm

шлем

bretellen

подтяжки

schooluniform

школьная форма

uniform

форма

slabbetje

детский нагрудник

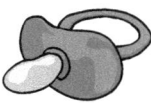

fopspeen

соска

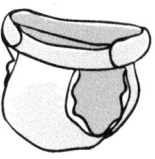

luier

подгузник

kantoor
офис

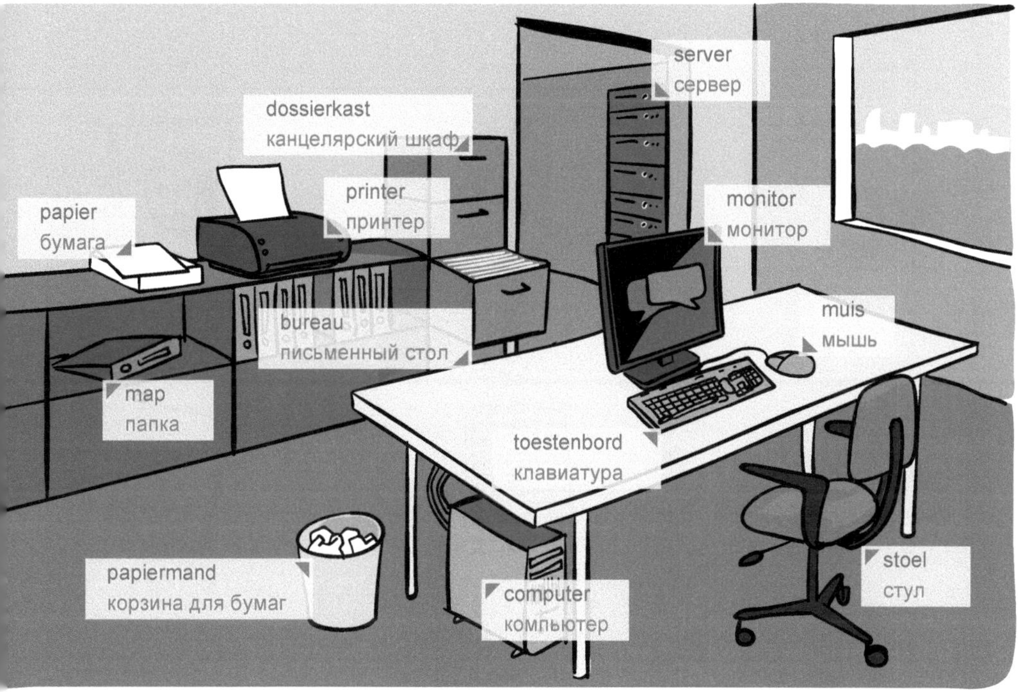

server
сервер

dossierkast
канцелярский шкаф

printer
принтер

monitor
монитор

papier
бумага

bureau
письменный стол

muis
мышь

map
папка

toestenbord
клавиатура

papiermand
корзина для бумаг

computer
компьютер

stoel
стул

koffiemok

кофейная кружка

rekenmachine

калькулятор

internet

интернет

laptop

ноутбук

brief

письмо

bericht

сообщение

gsm

мобильный телефон

netwerk

сеть

kopieerapparaat

ксерокс

software

программа

telefoon

телефон

stopcontact

розетка

fax

факс

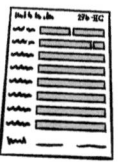

formulier

формуляр

document

документ

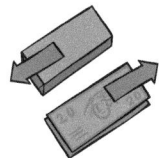

kopen

покупать

betalen

платить

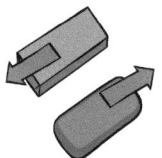

handelen

торговать

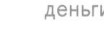

geld

деньги

dollar

доллар

euro

евро

yen

иена

roebel

рубль

Zwitserse frank

франк

Chinese renminbi

жэньминьби юань

roepie

рупия

geldautomaat

банкомат

wisselkantoor

пункт обмена валюты

goud

золото

zilver

серебро

olie

нефть

energie

энергия

prijs

цена

contract

договор

belasting

налог

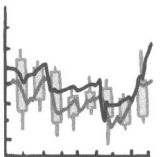

aandeel

акция

werken

работать

werknemer

служащий

werkgever

работодатель

fabriek

фабрика

winkel

магазин

beroepen

профессии

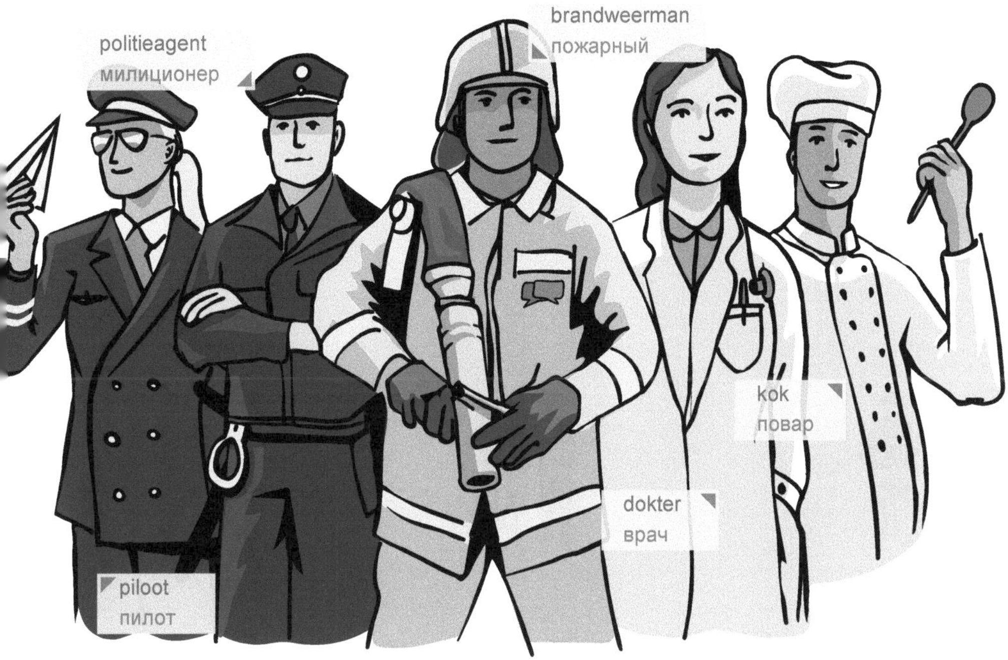
brandweerman
пожарный
politieagent
милиционер
kok
повар
dokter
врач
piloot
пилот

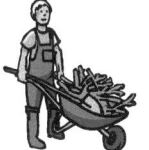

tuinman

садовник

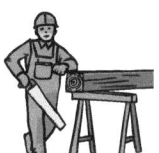

timmerman

столяр

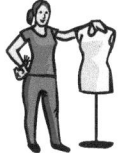

naaister

швея

rechter

судья

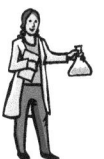

chemicus

химик

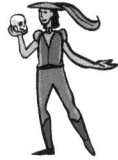

acteur

актёр

buschauffeur

водитель автобуса

taxichauffeur

таксист

visser

рыбак

schoonmaakster

уборщица

dakdekker

кровельщик

ober

официант

jager

охотник

schilder

художник

bakker

пекарь

elektricien

электрик

bouwvakker

строитель

ingenieur

инженер

slager

мясник

loodgieter

сантехник

postbode

почтальон

soldaat

солдат

architect

архитектор

kassier

кассир

bloemist

флорист

kapper

парикмахер

conducteur

кондуктор

mecanicien

механик

kapitein

капитан

tandarts

зубной врач

wetenschapper

ученый

rabbijn

раввин

imam

имам

monnik

монах

geestelijke

священник

werktuigen
инструменты

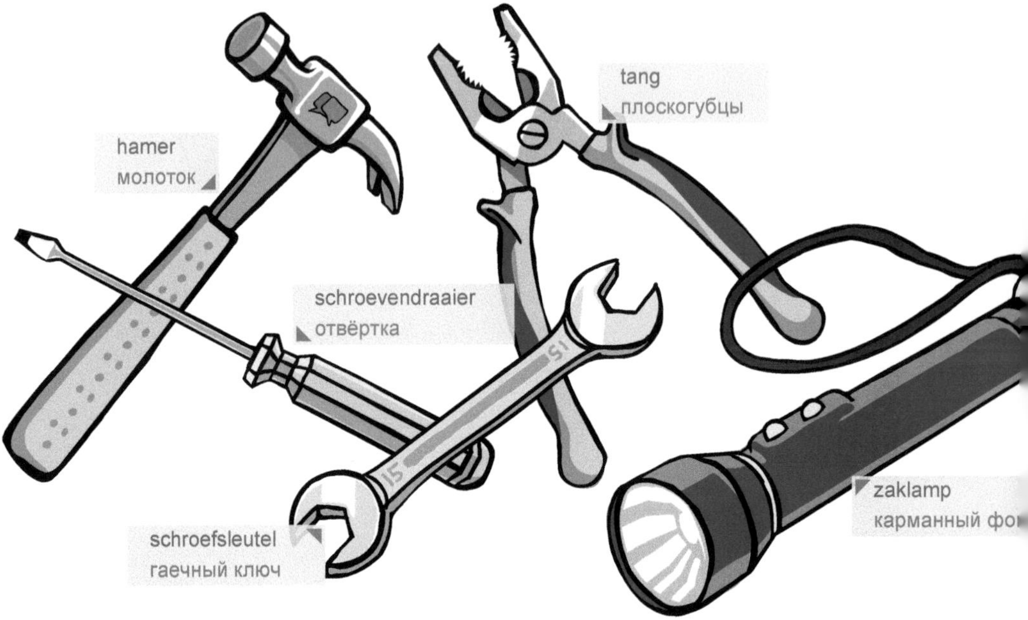
hamer
молоток
tang
плоскогубцы
schroevendraaier
отвёртка
schroefsleutel
гаечный ключ
zaklamp
карманный фо

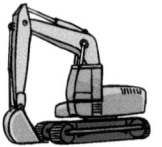

graafmachine

экскаватор

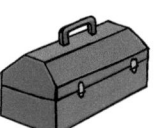

gereedschapskoffer

ящик для инструментов

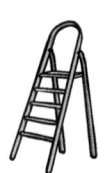

ladder

стремянка

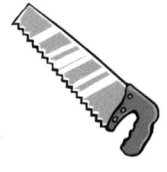

zaag

пила

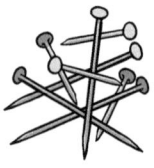

spijkers

гвозди

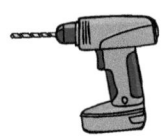

boormachine

дрель

repareren

ремонтировать

schop

лопата

Verdomme!

Блин!

blik

совок

verfpot

ведро с краской

schroeven

винты

muziekinstrumenten
музыкальные инструменты

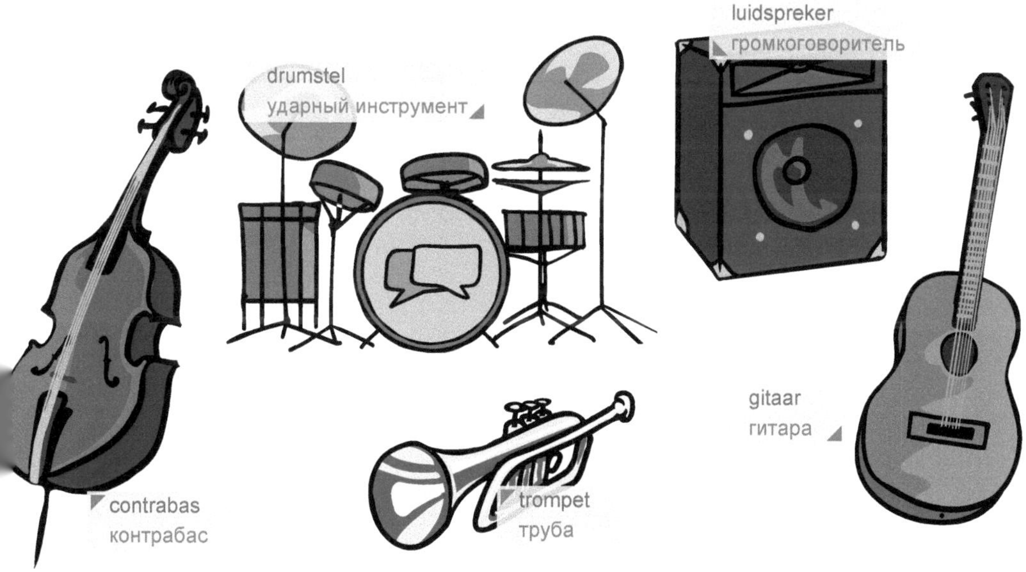

luidspreker
громкоговоритель

drumstel
ударный инструмент

gitaar
гитара

contrabas
контрабас

trompet
труба

piano

пианино

viool

скрипка

basgitaar

бас-гитара

pauk

литавры

trommels

барабан

keyboard

синтезатор

saxofoon

саксофон

fluit

флейта

microfoon

микрофон

zoo

зоопарк

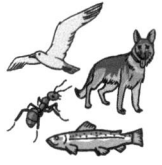

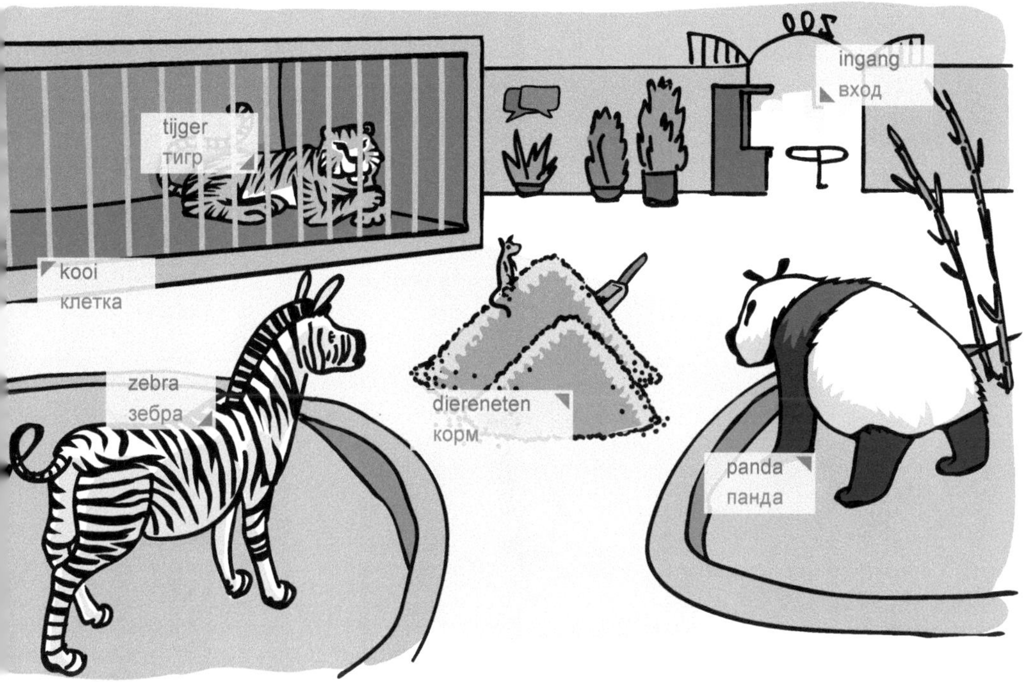
tijger
тигр
ingang
вход
kooi
клетка
zebra
зебра
diereneten
корм
panda
панда

dieren

животные

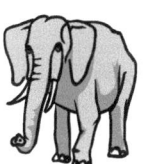

olifant

слон

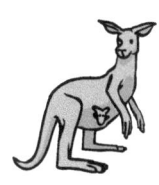

kangoeroe

кенгуру

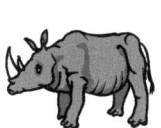

neushoorn

носорог

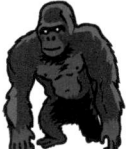

gorilla

горилла

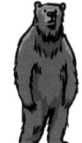

beer

медведь

kameel

верблюд

struisvogel

страус

leeuw

лев

aap

обезьяна

flamingo

фламинго

papegaai

попугай

ijsbeer

белый медведь

pinguïn

пингвин

haai

акула

pauw

павлин

slang

змея

krokodil

крокодил

dierenverzorger

служитель зоопарка

zeehond

тюлень

jaguar

ягуар

pony

пони

luipaard

леопард

nijlpaard

бегемот

giraffe

жираф

adelaar

орёл

wild zwijn

кабан

vis

рыба

zeeschildpad

черепаха

walrus

морж

vos

лиса

gazelle

газель

sporten
спорт

rugby
американский футбол

wielrennen
езда на велосипеде

tennis
теннис

basketbal
баскетбол

zwemmen
плавание

boksen
бокс

ijshockey
хоккей

voetbal
футбол

badminton
бадминтон

atletiek
лёгкая атлетика

handbal
гандбол

skiën
лыжный спорт

polo
поло

activiteiten

действия

lachen
смеяться
springen
прыгать
knuffelen
обнимать
wandelen
идти
zingen
петь
dromen
мечтать
bidden
молиться
kussen
целовать

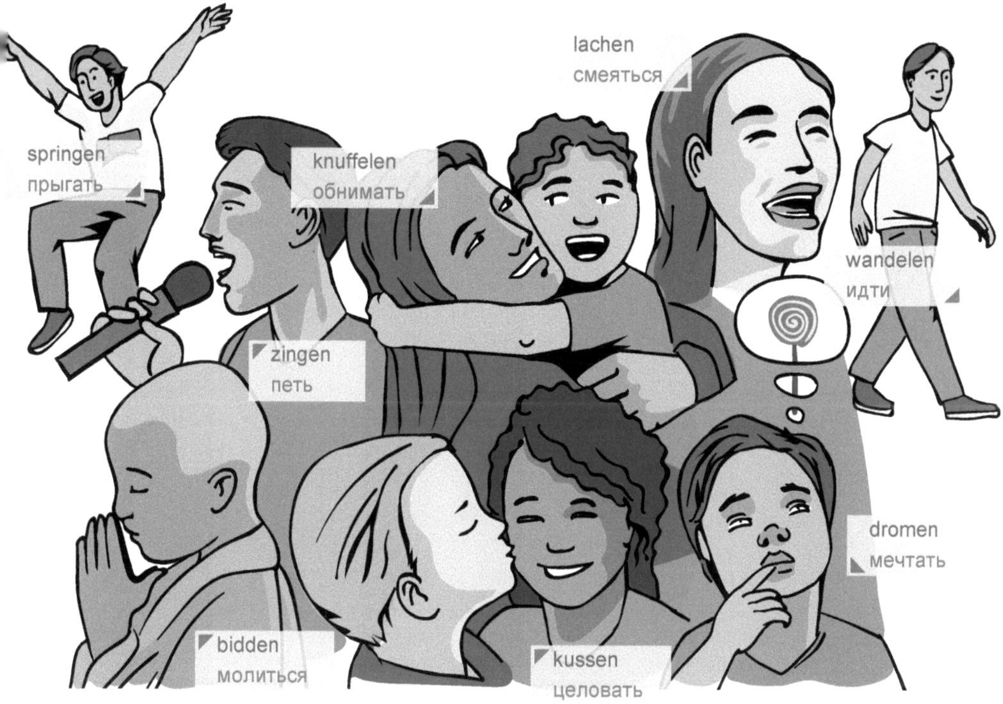

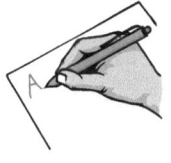

schrijven

писать

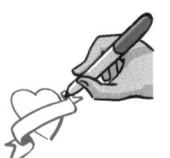

tekenen

рисовать

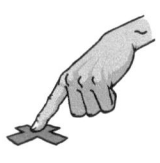

tonen

показывать

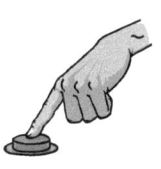

duwen

нажимать

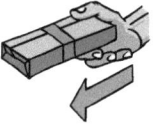

geven

давать

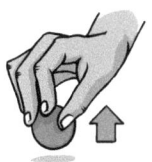

nemen

брать

hebben

иметь

doen

делать

zijn

быть

staan

стоять

lopen

бежать

trekken

тянуть

gooien

бросать

vallen

падать

liggen

лежать

wachten

ждать

dragen

носить

zitten

сидеть

aankleden

надевать

slapen

спать

ontwaken

просыпаться

kijken naar

рассматривать

wenen

плакать

aaien

гладить

kammen

причесывать

praten

говорить

begrijpen

понимать

vragen

спрашивать

luisteren

слушать

drinken

пить

eten

кушать

opruimen

наводить порядок

houden van

любить

koken

готовить

rijden

ехать

vliegen

летать

zeilen

ходить под парусом

rekenen

считать

Lezen

читать

leren

учиться

werken

работать

trouwen

вступать в брак

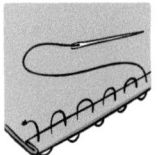

naaien

шить

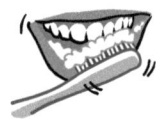

tandenpoetsen

чистить зубы

doden

убивать

roken

курить

sturen

отправлять

grootmoeder
бабушка

grootvader
дедушка

vader
папа

moeder
мама

baby
младенец

dochter
дочь

zoon
сын

gast

гость

tante

тетя

oom

дядя

broer

брат

zus

сестра

lichaam

тело

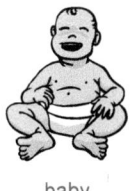

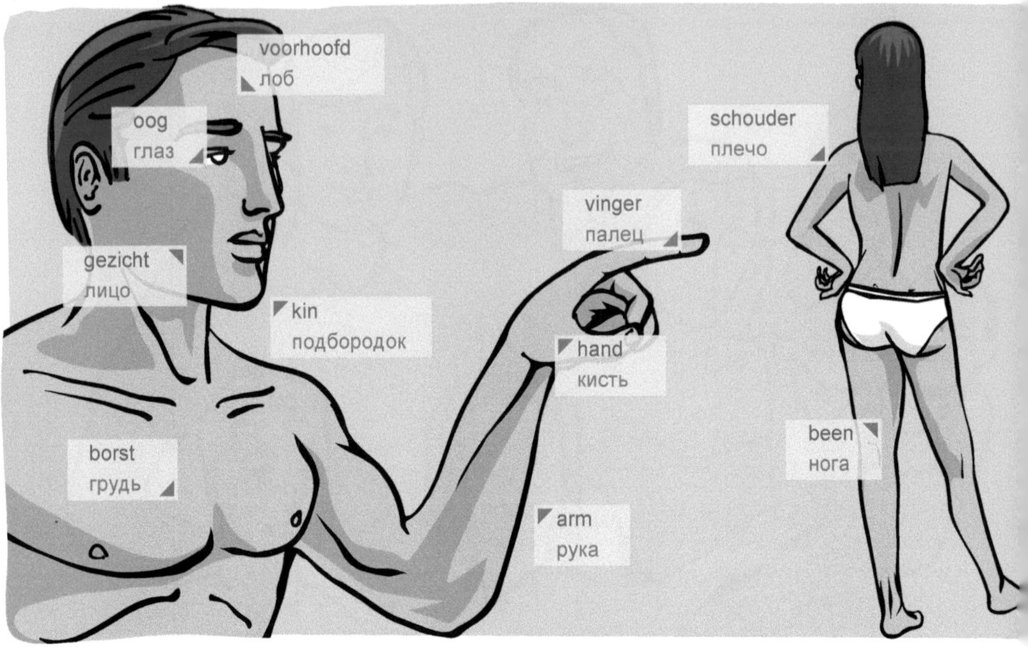

voorhoofd
лоб
oog
глаз
schouder
плечо
vinger
палец
gezicht
лицо
kin
подбородок
hand
кисть
been
нога
borst
грудь
arm
рука

baby

младенец

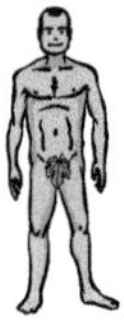

man

мужчина

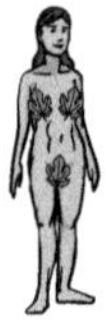

vrouw

женщина

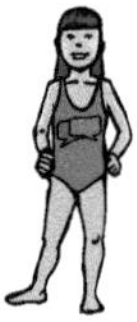

meisje

девочка

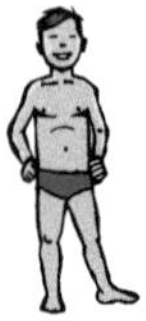

jongen

мальчик

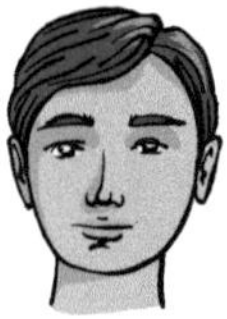

hoofd

голова

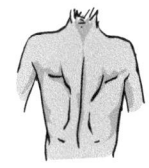

rug

спина

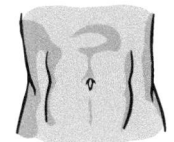

buik

живот

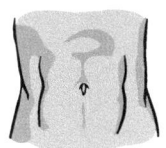

navel

пупок

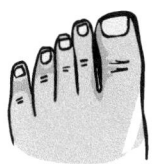

teen

палец ноги

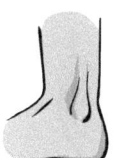

hiel

пятка

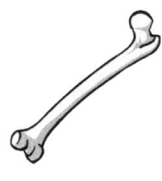

bot

кость

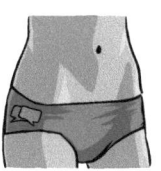

heup

бедро

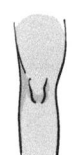

knie

колено

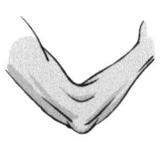

elleboog

локоть

neus

нос

zitvlak

ягодицы

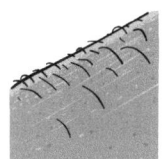

huid

кожа

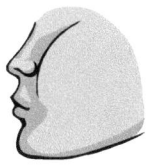

wang

щека

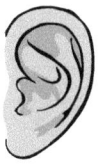

oor

ухо

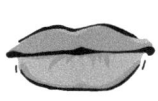

lip

губа

mond

рот

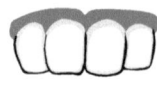

tand

зуб

tong

язык

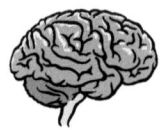

hersenen

мозг

hart

сердце

spier

мышца

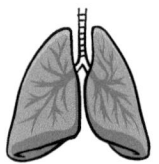

long

лёгкое

lever

печень

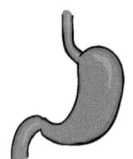

maag

желудок

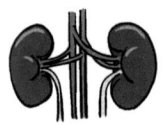

nieren

почки

seks

половой акт

condoom

презерватив

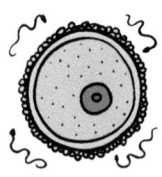

eicel

яйцеклетка

sperma

сперма

zwangerschap

беременность

lichaam - тело

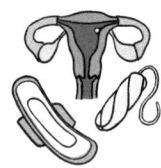

menstruatie

менструация

vagina

вагина

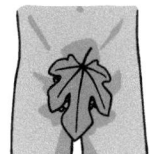

penis

пенис

wenkbrauw

бровь

haar

волосы

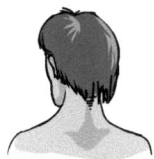

nek

шея

ziekenhuis
больница

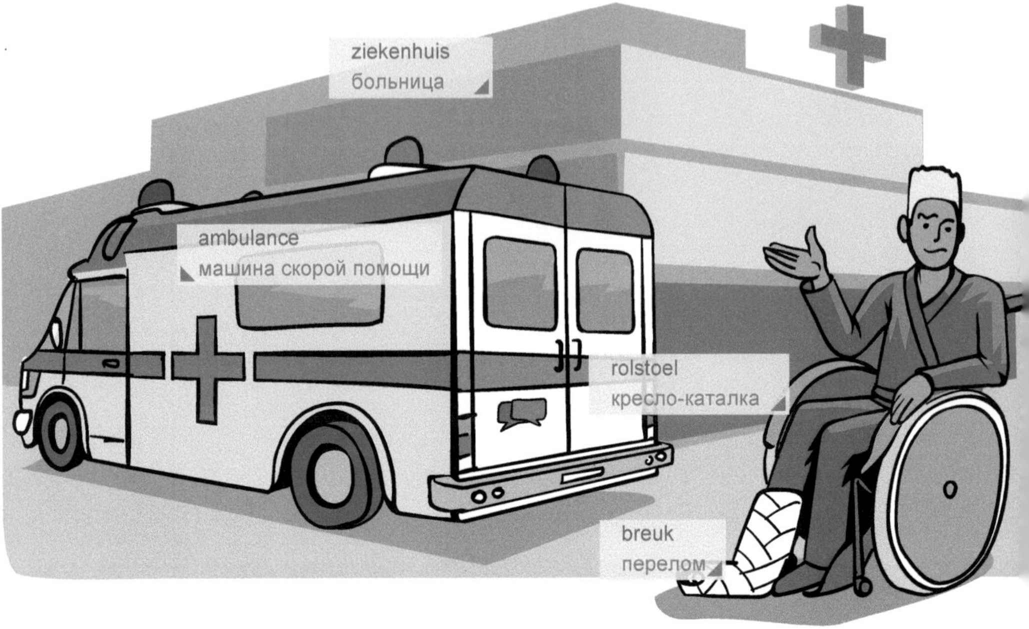

ziekenhuis
больница

ambulance
машина скорой помощи

rolstoel
кресло-каталка

breuk
перелом

dokter

врач

spoed

пункт первой помощи

verpleegkundige

медсестра

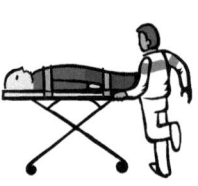

noodgeval

неотложный случай

bewusteloos

без сознания

pijn

боль

verwonding

повреждение

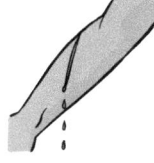

bloeding

кровотечение

hartaanval

инфаркт

beroerte

инсульт

allergie

аллергия

hoest

кашель

koorts

овышенная температура

griep

грипп

diarree

понос

hoofdpijn

головная боль

kanker

рак

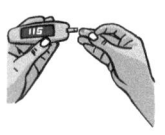

diabetes

диабет

chirurg

хирург

scalpel

скальпель

operatie

операция

CT

КТ

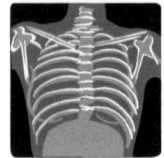

röntgenstraal

рентген

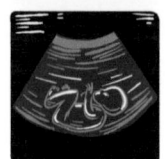

ultrageluid

ультразвук

gezichtsmasker

маска

ziekte

болезнь

wachtkamer

приёмная

kruk

костыль

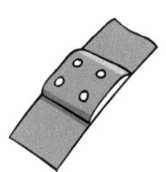

pleister

пластырь

verband

бинт

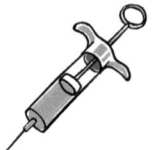

injectie

укол

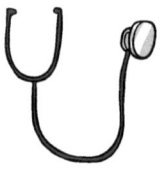

stethoscoop

стетоскоп

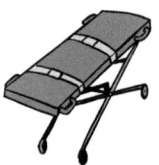

brancard

носилки

thermometer

термометр

geboorte

рождение

overgewicht

избыточный вес

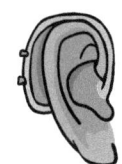

hoorapparaat

слуховой аппарат

ontsmettingsmiddel

дезинфекционное средство

infectie

инфекция

virus

вирус

HIV / AIDS

ВИЧ / СПИД

medicijn

лекарство

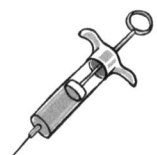

vaccinatie

прививка

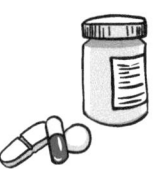

tabletten

таблетки

pil

противозачаточная таблетка

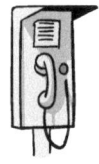

noodoproep

экстренный вызов

bloeddrukmeter

прибор для измерения кровяного давления

ziek / gezond

больной / здоровый

Help!	alarm	overval
Помогите!	сигнал тревоги	нападение

aanval	gevaar	nooduitgang
атака	опасность	запасной выход

Brand!	brandblusser	ongeval
Пожар!	огнетушитель	несчастный случай
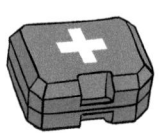		
EHBO-kit	SOS	politie
аптечка	SOS	милиция

Europa

Европа

Noord-Amerika

Северная Америка

Zuid-Amerika

Южная Америка

Afrika

Африка

Azië

Азия

Australië

Австралия

Atlantische Oceaan

Атлантический океан

Stille Oceaan

Тихий океан

Indische Oceaan

Индийский океан

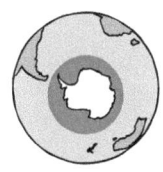

Antarctische Oceaan

Антарктический океан

Arctische Oceaan

Северный Ледовитый океан

Noordpool

Северный полюс

Zuidpool

Южный полюс

Antarctica

Антарктика

aarde

земля

land

суша

zee

море

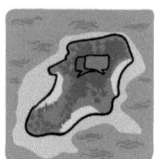

eiland

остров

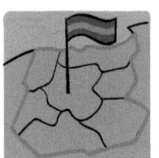

natie

нация

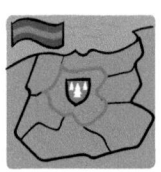

staat

государство

wijzerplaat

циферблат

uurwijzer

часовая стрелка

minuutwijzer

минутная стрелка

secondewijzer

секундная стрелка

Hoe laat is het?

Который час?

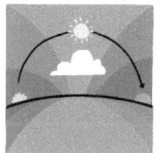

dag

день

tijd

время

nu

сейчас

digitale horloge

электронные часы

minuut

минута

uur

час

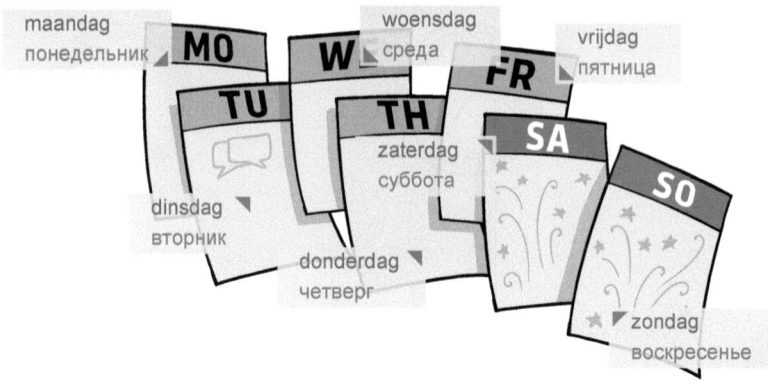

maandag — понедельник
dinsdag — вторник
woensdag — среда
donderdag — четверг
vrijdag — пятница
zaterdag — суббота
zondag — воскресенье

gisteren

вчера

vandaag

сегодня

morgen

завтра

ochtend

утро

middag

полдень

avond

вечер

werkdagen

рабочие дни

weekend

выходные

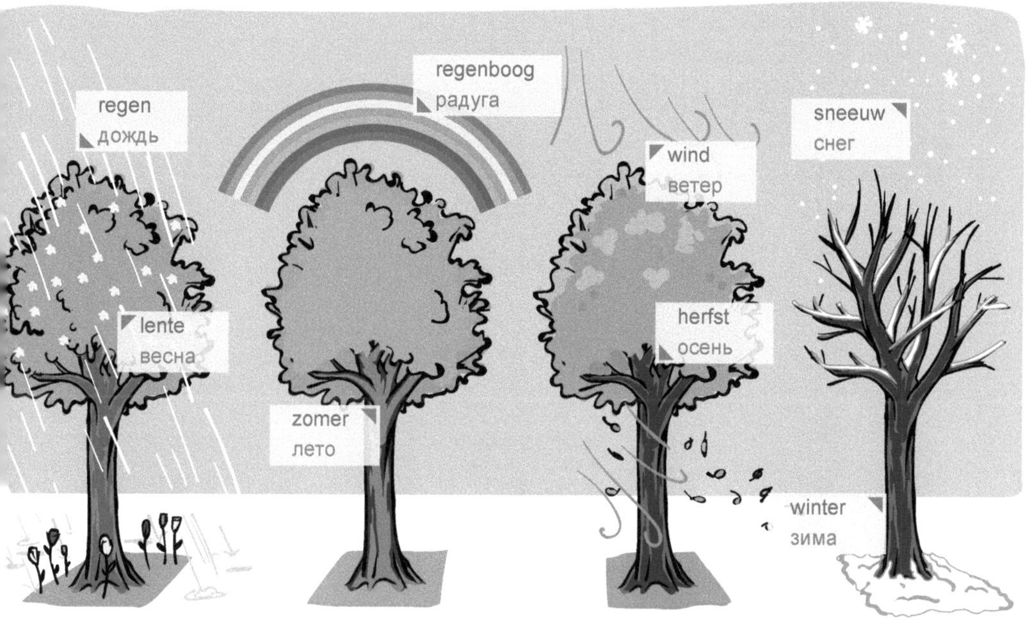

regen
дождь
regenboog
радуга
wind
ветер
sneeuw
снег
lente
весна
herfst
осень
zomer
лето
winter
зима

4.APRIL 11°
5.APRIL 4°
6.APRIL 13°
7.APRIL 8°
8.APRIL 10°

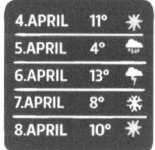

weervoorspelling

прогноз погоды

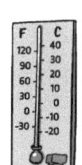

thermometer

термометр

zonneschijn

солнечный свет

wolk

туча

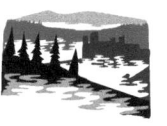

mist

туман

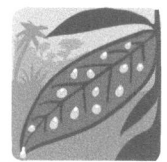

vochtigheid

влажность воздуха

bliksem

молния

donder

гром

storm

буря

hagel

град

moesson

муссон

overstroming

наводнение

ijs

лёд

januari

январь

februari

февраль

maart

март

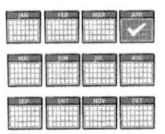

april

апрель

mei

май

juni

июнь

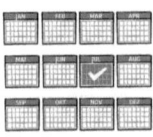

juli

июль

augustus

август

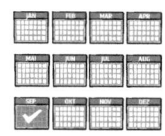

september

сентябрь

oktober

октябрь

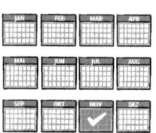

november

ноябрь

december

декабрь

vormen

формы

cirkel

круг

kwadraat

квадрат

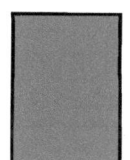

rechthoek

прямоугольник

driehoek

треугольник

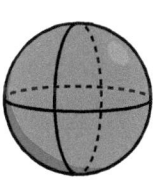

bol

шар

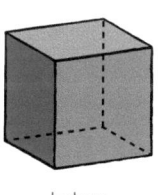

kubus

куб

wit

белый

geel

желтый

oranje

оранжевый

roze

розовый

rood

красный

paars

лиловый

blauw

синий

groen

зелёный

bruin

коричневый

grijs

серый

zwart

черный

veel / weinig

много / мало

boos / kalm

яростный / мирный

mooi / lelijk

красивый / уродливый

begin / einde

начало / конец

groot / klein

большой / маленький

licht / donker

светлый / темный

broer / zus

брат / сестра

proper / vuil

чистый / грязный

volledig / onvolledig

полный / неполный

dag / nacht

день / ночь

dood / levend

мёртвый / живой

breed / smal

широкий / узкий

eetbaar / oneetbaar

съедобный / несъедобный

kwaadaardig / vriendelijk

злой / дружелюбный

opgewonden / verveeld

взволнованный / скучающий

dik / dun

толстый / худой

eerst / laatst

сначала / в конце

vriend / vijand

друг / враг

vol / leeg

полный / пустой

hard / zacht

твёрдый / мягкий

zwaar / licht

тяжёлый / легкий

honger / dorst

голод / жажда

ziek / gezond

больной / здоровый

illegaal / legaal

незаконный / законный

intelligent / dom

умный / глупый

links / rechts

слева / справа

dichtbij / veraf

близко / далеко

nieuw / gebruikt

новый / подержанный

niets / iets

ничто / нечто

oud / jong

старый / молодой

aan / uit

включено / выключено

open / dicht

открыто / закрыто

stil / luid

тихо / громко

rijk / arm

богатый / бедный

juist / fout

правильный /
неправильный

ruw / glad

шероховатый / гладкий

droevig / blij

печальный / счастливый

kort / lang

короткий / длинный

traag / snel

медленный / быстрый

nat / droog

мокрый / сухой

warm / koud

тёплый / прохладный

oorlog / vrede

война / мир

cijfers
цифры

0

nul

ноль

1

één

один

2

twee

два

3

drie

три

4

vier

четыре

5

vijf

пять

6

zes

шесть

7

zeven

семь

8

acht

восемь

9

negen

девять

10

tien

десять

11

elf

одиннадцать

12

twaalf

двенадцать

13

dertien

тринадцать

14

veertien

четырнадцать

15

vijftien

пятнадцать

16

zestien

шестнадцать

17

zeventien

семнадцать

18

achtien

восемнадцать

19

negentien

девятнадцать

20

twintig

двадцать

100

honderd

сто

1.000

duizend

тысяча

1.000.000

miljoen

миллион

Talen

языки

Engels

английский

Amerikaans Engels

американский английский

Chinees (Mandarijn)

мандаринский китайский

Hindi

хинди

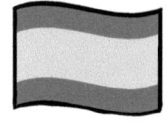

Spaans

испанский

Frans

французский

Arabisch

арабский

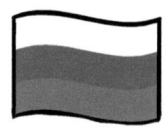

Russisch

русский

Portugees

португальский

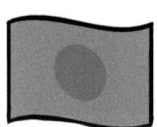

Bengali

бенгальский

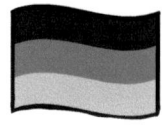

Duits

немецкий

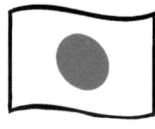

Japans

японский

ik

я

u

ты

hij / zij / het

он / она / оно

wij

мы

u

вы

ze

они

wie?

кто?

wat?

что?

hoe?

как?

waar?

где?

wanneer?

когда?

naam

имя

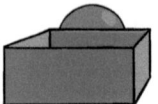

achter

за

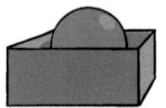

in

в

voor

перед

boven

над

op

на

onder

под

naast

рядом

tussen

между

plaats

место